わたしの心《こころ》は
風《かぜ》に舞《ま》う

久保恵子　詩集

たかせちなつ　絵

JUNIOR POEM SERIES

もくじ

Ⅰ 春の光の中で

幸福《こうふく》な朝《あさ》 6
道草《みちくさ》 8
春《はる》の光《ひかり》の中《なか》で 10
おばけの林《はやし》 12
南風《みなみかぜ》が いっぱい入《はい》る部屋《へや》 14
たとえ小《ちい》さな一歩《いっぽ》であっても 16
居心地《いごこち》のいい場所《ばしょ》 18

Ⅱ 祈り

わたしの心《こころ》は 風《かぜ》に舞《ま》う 22
野《の》ばら一輪《いちりん》 24
嵐《あらし》の夜《よる》 28

祈《いの》り　34
うすむらさきの朝《あさ》　38
小春日和《こはるびより》の日曜日《にちようび》　40
トドくんたちへのメッセージ　44
空《そら》　48

Ⅲ　妖精たち

湖《みずうみ》の妖精《ようせい》　52
森《もり》の妖精《ようせい》　58

あとがき　67
初出　72

Ⅰ　春の光の中で

幸福《こうふく》な朝《あさ》

家中《いえじゅう》の部屋《へや》が　陽光《ようこう》に満《み》ちて
空《そら》は　雲《くも》ひとつない　うす水色《みずいろ》で
窓《まど》を　大《おお》きく開《あ》けると
新《あたら》しい生命《せいめい》のいぶきが
ひたひたと　うちよせてくる

長《なが》い冬《ふゆ》の眠《ねむ》りから　さめて
あたたかな大地《だいち》を　ふみしめてごらん

陽気《ようき》な小鳥《ことり》たちが　よびかけてくる
みずみずしい　若葉《わかば》のかおりを
はこんでくる
そよ風《かぜ》を　胸《むね》いっぱいに
すいこんで
さあ　出発《しゅっぱつ》だ

希望《きぼう》の光《ひかり》　あふれる
旅立《たびだ》ちの四月《しがつ》

道草《みちくさ》

いつもとおる道《みち》を　それて
まだ歩《ある》いたことのない路地《ろじ》に　迷《まよ》いこむ

はじめて見《み》る草むら
知《し》らない家《いえ》の庭先《にわさき》
さりげなくおかれた鉢《はち》うえの花《はな》にさえ
しゃがみこんで　話《はな》しかけたくなる
光《ひかり》が　とてもおだやかで
ここでは　空気《くうき》も　ちがうみたいだ

大《おお》きな木《き》の下《した》に来《く》ると
木《こ》もれ日《び》が　わたしをやさしくなでる
グリーン・シャワーの中《なか》で　立《た》ち止《ど》まり
ゆっくりと　深呼吸《しんこきゅう》する

はじめて歩く道なのに
遠《とお》い日《ひ》のあこがれが　胸《むね》にあふれて
わたしは　時《とき》の旅人《たびびと》になる

春《はる》の光《ひかり》の中《なか》で

若草《わかくさ》が　いっせいに
萌《も》えだしてきた　春の日《ひ》に
少年《しょうねん》は　風《かぜ》を切《き》って
自転車《じてんしゃ》を　こぐ

青《あお》い山《やま》なみ
さざめく湖面《こめん》
空気《くうき》は　まだすこしつめたいけれど
何《なに》か　うれしい予感《よかん》

新《あたら》しい生命《せいめい》のいぶきを
体《からだ》じゅうに　かんじて
少年は　力《ちから》いっぱい
自転車を　こぐ

きらきらとした　よろこびが
みちあふれ
いつしか　少年の心《こころ》は
自由《じゆう》な風《かぜ》になる

おばけの林《はやし》　Ⅱ

この道《みち》とおると　思《おも》い出《だ》す
おばけの林が　あったのを
だぁれもはいりこめない　草《くさ》の道
村《むら》はずれの　うすぐらい　雑木林《ぞうきばやし》
すこうし　むかしのおはなしを
ぼうや　きかせてあげましょう

この道とおると　思い出す
くらぁい林が　あったのを

かってにふみこんではいけません
神様《かみさま》が　すんでござるから
むかしむかしの　いいつたえ
ぼうや　きかせてあげましょう

この道に立《た》つと　思い出す
おばけの林が　きえた日《ひ》を
ウォーンウォーンと　ないていた
声《こえ》にならない　さけびをあげて
わすれられていく　おはなしを
ぼうや　きかせてあげましょう

南風《みなみかぜ》が　いっぱい入《はい》る部屋《へや》

カーテンを　ゆらして
南風が　まっすぐに　ふきつけてくる
夜《よる》のしじまの中《なか》
家々《いえいえ》のあかりが　ぽつぽつと見《み》え
遠《とお》くに　黒々《くろぐろ》とよこたわる
あの山《やま》なみの　さらにむこうは
悠々《ゆうゆう》とひろがる　太平洋《たいへいよう》
深《ふか》い闇《やみ》につつまれた　大海原《おおうなばら》を

吹《ふ》きわたってきた　この風
海《うみ》をわたり　山をこえ
昼間《ひるま》の熱気《ねっき》を　さましながら
自由気《じゆうき》ままに　吹きすぎてゆく
しめった風

眠気《ねむけ》など　ほど遠く
私《わたし》は　神秘《しんぴ》の夜の光景《こうけい》に見入《い》る
風は　止《や》むことを　知《し》らず
あとから　あとから　吹きよせてくる
すべてのいのちのふるさとは
海なのだと　語《かた》りつづけながら

たとえ小《ちい》さな一歩《いっぽ》であっても

たとえ小さな一歩であっても
前《まえ》に　ふみだせば
わたしの世界《せかい》は
ほんのすこし　ひろがる

たとえ小さな一歩であっても
毎日《まいにち》　ほんのすこしを
くりかえしていけば
希望《きぼう》という光《ひかり》に

ゆっくり　ゆっくり　近《ちか》づいていける

それが　どんなに
遠《とお》くに見《み》える光であっても

居心地《いごこち》のいい場所《ばしょ》

寒風《かんぷう》にさらされ
身《み》も心《こころ》も　なえていたとき
ふっと　風《かぜ》がやんだ

わたしは　あたりを見《み》わたした
ここは　見おぼえのある場所

わたしは　しゃがみこんで
地面《じめん》に　手《て》をあてた
ほんのりと　あたたかい

こごえそうになっていた
心と　からだが
ゆっくりと　とけていく

それから　立《た》ちあがって
大空《おおぞら》を　あおいだ
どこまでも青《あお》く　すみわたった空《そら》を
ふわふわの　白《しろ》い雲《くも》が
ゆっくりと　ながれていく
わたしは　雲のゆくえをおう
はるか　遠《とお》い日《ひ》のように

居心地のいい場所

ここなんだよ
わたしが　たたずんでいたいところは

心の中《なか》に
わすれかけていた歌《うた》が
よみがえってくる

ここに　いつでも
帰《かえ》ってこよう

わたしは　両手《りょうて》をからっぽにして
ゆっくりと　歩《ある》きだす

Ⅱ　祈り

わたしの心《こころ》は　風《かぜ》に舞《ま》う

わたしの心は　風に舞う
若葉《わかば》のように　風に舞う
そよ風がふけば　ゆらゆらと
なんだか　なんだか　ときめいて
ゆらゆらと　ゆらゆらと

わたしの心は　風に舞う
落葉《おちば》のように　風に舞う
あらしがふけば　ころころと

わけもわからず
ころころと　ころころと

若葉であっても
落葉であっても
やっぱりこれは　わたしの心
舞いつかれたときは
だいじな木箱《きばこ》に　そうっと
休《やす》ませてあげましょう
もう　どんな風も　とどかないように

野《の》ばら一輪《いちりん》

たたずんで　ぼんやりしていたら
あたりは　いつのまにか
砂漠《さばく》に変《か》わっていました

こんな時《とき》
空《そら》から　ひょっこり
星《ほし》の王子《おうじ》さまが降《お》りてきて
「やあ　きみ
ぼくは　長《なが》いこと

話《はな》し相手《あいて》を　さがしていたんだ
ぼくと　ゆっくり
語《かた》り合《あ》おうじゃないか」
などと　言《い》ったりするのです

そして　ふたりは　ぽつりぽつりと
とりとめもないお話《はなし》を始《はじ》めます
星の王子さまも
ひとりで　さみしかったし
わたしも　心《こころ》の澄《す》みわたった人《ひと》を
待《ま》ち望《のぞ》んでいましたから

ふと　気《き》づくと
あたりは　いつのまにか
草原《そうげん》に変わり
赤《あか》い野ばらが　一輪
咲《さ》いています

嵐《あらし》の夜《よる》

何《なん》てすごい嵐なんだろう
これが　いつも見《み》ている学生寮《がくせいりょう》の
広《ひろ》い庭《にわ》だなんて　とても思《おも》えない
世界《せかい》が　まるで
一変《いっぺん》してしまったみたいだ
たけりくるった風《かぜ》が　いやおうなしに
何《なに》もかも　さらっていく
寄《よ》る辺《べ》ない　かわいそうな木々《きぎ》が
細《ほそ》い枝《えだ》を　折《お》られまいとして

必死《ひっし》に　ふんばっている
いつもと　まるで表情《ひょうじょう》のちがう
なれしたしんだ木たち
草花《くさばな》は　強風《きょうふう》に　すっかり身《み》をゆだね
吹《ふ》きさらされたまま　萎《な》えてしまっている

それにしても　この窓《まど》は
何て　じょうぶなのだろう
こんな激《はげ》しい風にも　びくともしない
風が　こちらをにらみつけながら
吹きつけてくるのに
寸分《すんぶん》たりとも

それが入《はい》りこむのを　許《ゆる》さない
たのもしい窓！

今夜《こんや》は　いつもとは全《まった》く違《ちが》う
みんな　どうしてしまったんだろう
でも　私《わたし》は平気《へいき》
このしっかりした窓と
ベッキーがいてくれる
ああ　そうよ　ベッキー
あなたは　さっきから　こうして
そばに立《た》って　私といっしょに
窓の外《そと》を　見ていたのね

まるで
幻想的《げんそうてき》なシネマを見るように
ふたりで　いっしょに
窓に寄りそって　ながめていた
「すごい嵐ね」
心《こころ》の中《なか》の嵐が　遠《とお》のいて
静《しず》まりかけてきた時《とき》に　私は言《い》った

ベッキーは　何かにひきつけられたように
目《め》を細《ほそ》め
嵐のシネマに　見入《い》っている
ベッキーの心は　もう

ここには　ないのだ
すると　不意《ふい》に
「大好《だいす》きなの」（"I love it."）
つぶやくような　彼女《かのじょ》の声《こえ》だった

おお　ベッキー！
そんなことを言うなんて
いったい　どういう夜《よる》なんだろう
嵐が好きだなんて
でも……
ベッキーの名前《なまえ》は
レベッカ・ストームズ（Rebecca Storms）

そうなのね　ベッキー
わかったわ
あなたの名前は
レベッカ・ストームズ
そう　あなたは
嵐の子《こ》

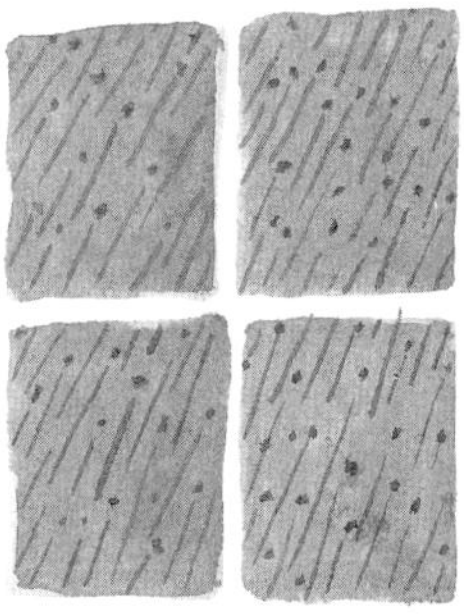

祈《いの》り

夜中《よなか》に　ふと目《め》がさめて
あれこれと　想《おも》いをめぐらせていたら
まるで　ポリアンナのように
幸《しあわ》せな考《かんが》え方《かた》が　つぎつぎと
心《こころ》にうかんできた

つらいことが　かさなって
泣《な》いてばかりいた日々《ひび》だったから
こんなに　おだやかな心を
とりもどせたのは

ずいぶん　ひさしぶりのこと
二階《にかい》の寝室《しんしつ》のカーテンを　めずらしく
あけたままにしておいた
大《おお》きな窓《まど》のそとが　すこし　白《しら》んでいる
まるで　早朝《そうちょう》のように

夜空《ぞら》をあおぐと
こうこうと輝《かがや》いている　まぁるいお月《つき》さま
窓辺《べ》に　しゃがみこんで
祈りに　にた気《き》持《も》ちで
しばらく　じっと　ながめていた

わたしの心に　今夜《こんや》
平安《へいあん》を　もたらしてくれたのは　きっと
あのお月さま

カーテンを　あけておいて　よかった
お月さまの光《ひかり》が
太古《たいこ》と　かわりのない
神々《こうごう》しい光が
わたしの心にまで　こうして
とどいてくれた

ぎらぎらと　もえたつような
はげしい生《せい》を　静《しず》めて

森《もり》を　大地《だいち》を
そこで生《い》きている　すべてのものを
ねむらせてくれている　やさしい光

庭《にわ》の木々《きぎ》や　竹《たけ》やぶや　遠《とお》くの山々《やまやま》の
青《あお》いシルエット
慈愛《じあい》にみちた　青白《じろ》い光につつまれた
深《ふか》い　安《やす》らぎの世界《せかい》

無言《むごん》のうちに　なにもかも　さとり
心を　静かな想いで　みたしてくれる
たおやかな夜《よる》

うすむらさきの朝《あさ》

うすむらさき色《いろ》の空《そら》が　ひろがり
天《てん》を刺《さ》すように　はだか木《ぎ》が立《た》ちならぶ
雑木林《ぞうきばやし》の　ずうっと　上《うえ》の方《ほう》には
すこしかけた　まるいお月《つき》さま

夜《よ》あけです
なんて　しずかな

まだ眠《ねむ》たげな
灰色《はいいろ》のやねがわらが　ならぶ
小《ちい》さな村《むら》を　見《み》おろして
月は　ひっそりと　空にいます

うっすら　霜《しも》をのせた
庭《にわ》の木々《きぎ》が
無言《むごん》のあいさつを　かわします

りんとした　冷気《れいき》のただよう
朝が　おとずれました

小春日和《こはるびより》の日曜日《にちようび》

二階《にかい》のバルコニーでのふとん干《ほ》し
花《か》だんやプランターの花《はな》の手入《てい》れ
うら庭《にわ》の草《くさ》ひき
落《お》ち葉《ば》集《あつ》め

厳寒《げんかん》のこの冬《ふゆ》にはめずらしい
ひさしぶりの　小春日和の日曜は
何《なん》の予定《よてい》も　たてていなくても
体《からだ》が　しぜんに動《うご》きだす

忙《いそが》しいのに
気持《きも》ちは　ふしぎと安《やす》らいでいて
庭のすみっこの草を　ひいていると
ふだん　めったに思《おも》い出《だ》さなくなった
遠《とお》い日々《ひび》に出会《であ》った人々《ひとびと》の顔《かお》が
つぎつぎと　よみがえってきたりする

今《いま》　とても満《み》ち足《た》りていて　幸《しあわ》せだけど
知《し》らないうちに　はるかかなたに
何《なに》か　忘《わす》れものを　してきたような
大事《だいじ》に　大事に　心《こころ》のすみで

守《まも》っていたものを　いつのまにか
見失《みうしな》ってしまったような

庭は　小宇宙《しょううちゅう》
花や草や土《つち》に　さわっていると
長《なが》い間《あいだ》　眠《ねむ》っていたものが
もぞもぞと　起《お》き出してくる

土の中《なか》に　眠っているのは
さまざまな幼虫《ようちゅう》
私《わたし》の心の中に　眠っているのは
昔《むかし》　見た夢《ゆめ》

セミの幼虫よりも　もっとずっと長い間
心の中に　ひっそりと

そうっと　そうっと　はい出しておいで
ううんと　伸《の》びをして
この　すがすがしい空気《くうき》を　すってごらん
生《い》きているって　たのしいね
ゆったり　ゆったり　生きたいね

トドくんたちへのメッセージ

水族館《すいぞくかん》の青《あお》くせまいプールの中《なか》
ひしめきあって
黒《くろ》い大《おお》きな体《からだ》を　うごめかし
つぎつぎと　のびあがっては
こちらを見《み》つめるトドたち
ふるさとの海《うみ》を　さがしているの
いいえ

広《ひろ》い海

はてしなく　泳《およ》ぎまわれた世界《せかい》のことなど
きみたちは
とうに　忘《わす》れてしまったのだ
それは　ただ
ひたすら　えさを求《もと》めるまなざし

自由《じゆう》かったつに
えものを追《お》って　くらしていた
勇壮《ゆうそう》な　あなたたちを
こんなにも
みすぼらしくしてしまったのは
私《わたし》たち　人間《にんげん》

人《ひと》の手《て》から　投《な》げ与《あた》えられる
えさを　待《ま》ちわびる目《め》には
人間をうらむ　かげさえもない
私は　あまりに悲《かな》しくて
あなたたちを
見つめていることができない

つぎつぎと
のびあがって
のびあがって
一方向《いちほうこう》だけを　見つめて

その夜《よる》
私は　夢《ゆめ》をみました
トドくんたちが
つぎつぎと
大《おお》きく　ジャンプして
ふるさとの海へ　帰《かえ》っていくのでした

あとには
月《つき》の光《ひかり》にてらされたプールが
青白《じろ》く　ひっそりと
のこされているばかりでした

空《そら》

通勤途中《つうきんとちゅう》で
買物《かいもの》途中で
信号待《しんごうま》ちをしながら
ハンドルをにぎって　ふと考《かんが》える

もしも
道路《どうろ》の両側《りょうがわ》に　はてしなく続《つづ》く
これらの電線《でんせん》や電柱《ちゅう》がなかったら
空は　もっときれいに見《み》えるだろう
道《みち》ばたに　びっしり並《なら》んだ
ビルや商店《しょうてん》がなかったら
空は　どこまでも　ひろいだろう

どこまでもひろがる　青《あお》い空を
何十分間《なんじっぷんかん》も　何時間《じかん》も
一日中《いちにちじゅう》でも　ながめていられたら
私《わたし》は　遠《とお》い日《ひ》のように
空と　また
なかよしになれるだろう

人間《にんげん》が　宇宙《うちゅう》で暮《く》らす時代《じだい》が来《き》ても
この青い空は
宇宙には運《はこ》べない
人間よりも　はかない空
人間に汚《よご》されていない
太古《たいこ》の地球《ちきゅう》を　恋《こい》しがる空を
緑《みどり》の木《き》や草《くさ》にかこまれて　ながめていれば

無邪気《むじゃき》な風《かぜ》を
空は　送《おく》ってくれるだろう

生《う》まれてから　ずうっと
そうしてきたように
私は　風にふかれていよう
いつしか
気《き》ぜわしく過《す》ぎてきた　長《なが》い日々《ひび》も
夢《ゆめ》のように
消《き》えていくだろう
ハンドルをにぎりながら
私は　ときおり
空とたわむれる日を　夢にみる

Ⅲ　妖精たち

湖《みずうみ》の妖精《ようせい》

雑木林《ぞうきばやし》を　くぐりぬけ
草《くさ》むらを　かきわけていったところに
緑《みどり》のベールにつつまれて
ひそやかに息《いき》づいている湖がある

わたしは　そこに
妖精がすんでいるのを　知《し》っている
ひとり　さみしく
いえ
湖の小《ちい》さな生《い》き物《もの》たちや
風《かぜ》や木や草花《ばな》と　なかよく
自由気《じゆうき》ままに　くらしている

妖精は　青空《あおぞら》が好《す》き
生《い》きとし生けるものすべてが　幸福《こうふく》そうに
まどろんでいる昼《ひる》さがり
湖水《こすい》に映《うつ》る　雲《くも》の動《うご》きを
あくことなく　ながめているのが好き

妖精は　月夜《つきよ》が好き
こうこうと輝《かがや》く満月《まんげつ》を　あるいは
星々《ほしぼし》と　静《しず》かに語《かた》りあっている
やさしい三日月《みかづき》を
恋《こい》したように　ながめるのが好き

妖精は　歌《うた》が好き
小鳥《ことり》や風や木に教《おそ》わった歌を

よくとおる　きれいな声《こえ》で
うっとりと歌う
その声は
少《すこ》しずつ形《かたち》をかえながら流《なが》れていく
雲にのって
はるか遠《とお》くまで　はこばれていくと
信《しん》じている
歌にこめた　あこがれは
やさしい月にとどくと　信じている

妖精は　とても人見知《ひとみ》り
人間《にんげん》と友《とも》だちになったことがないから
わたしが湖に行《い》くと　いつも
どこからか　こっそりと見つめている
とてもおくびょうな　小《ちい》さな妖精

人間にふみこまれるのを　おそれるように
朝霧《あさぎり》で　あたりをおおいかくしたりもする
そんな時《とき》
むじゃきな小鳥たちが
湖のありかを　知らせてくれる

わたしが近《ちか》づいていくと
思慮深《しりょぶか》い岸辺《きしべ》の老木《ろうぼく》は
さわさわと　小枝《こえだ》をゆすり
妖精を　やさしく
なだめてくれる

やがて　陽気《ようき》な太陽《たいよう》が
霧《きり》を　少しずつ　消《け》していくと

妖精は　とまどったように
湖の底深《そこふか》く
もぐっていってしまう

こんどの日曜日《にちようび》
わたしは　大好きな本《ほん》を持《も》って
あの湖へ行《い》こう
麦《むぎ》わらぼうしをかぶって
湖岸《こがん》の木にもたれて
何時間《なんじかん》も　本を読《よ》んでいよう

水面《すいめん》に　妖精が
そうっと　姿《すがた》をあらわし
ためらいがちに　近づいてきたら
さりげなく

今《いま》読んでいる本の話《はなし》をしよう
ずうっと前《まえ》から
友《とも》だちだったかのように
おどろいたようすなど　見せずに

その時
あらたまったあいさつなんか　いらない
だって　妖精は
とても　おくびょうで
用心《ようじん》深いのだから

森《もり》の妖精《ようせい》

朝《あさ》もやにつつまれた　深《ふか》い森の中《なか》
気《き》のはやい一番《いちばん》どりが　意気揚々《いきようよう》と
朝の訪《おとず》れを告《つ》げると
森の妖精は　大《おお》きなくすの木《き》のうろで
満足《まんぞく》げに目《め》をさます
葉《は》っぱの朝つゆを　かき集《あつ》めて
ぷるっと顔《かお》を洗《あら》うと
きょう一日《いちにち》のはじまりに
妖精の胸《むね》は　ときめく

いく重《え》もの

緑《みどり》のカーテンを透《す》けて　入《はい》ってくる
日《ひ》の光《ひかり》が　しだいに明《あか》るさを増《ま》すと
妖精は　もうじっとしてなどいられない
朝つゆが　消《き》えてしまわないうちに
あちらこちらの　お気にいりの葉っぱの上《うえ》を
つるぅり　すうっ　つるぅり　しゅううっ
すべって　ジャンプして　宙《ちゅう》がえり

なじみの大木たちが
妖精をやさしく　見守《みまも》っている
木《こ》もれ日《び》の中に
けさ　花開《はなひら》いたばかりの
新顔《しんがお》さんを　見つけると
妖精はかけよって　そっとお話《はなし》をする

青々《あおあお》と　こけがはえて
わき水《みず》があふれているところは
森の動物《どうぶつ》たちの社交場《しゃこうじょう》

だれそれさんのたまごが　かえって
まあ　そのひなどりのかわいいこと
すばしっこいリスは　森一番《いちばん》の情報屋《じょうほうや》

きのうの夕日《ゆうひ》は　すごかったよ
あんなに大きくて

あれほどゴージャスな夕日を見たのは
ひさしぶりだったね

空《そら》の話は　小鳥《ことり》たちのお得意《とくい》のもの

私《わたし》は　さきほど
森のはずれまで　行《い》ってみました
風《かぜ》がふきわたる　かぐわしい緑の草原《そうげん》を
ひさしぶりに　思《おも》いっきり
かけまわりたかったのよ
でも
草原を走《はし》りかけて
じきに　もどってきてしまいました
どこかで　銃声《じゅうせい》が聞《き》こえたような

気がしたものだから
繊細《せんさい》なシカのおねえさんは
かわいそうなくらい　いつも用心深《ようじんぶか》い

風が　ふきわたる草原
そうだ
いつだったか
森のはずれまで行って
うねうねと続《つづ》く　緑の草原を
妖精は　初《はじ》めて見た
いちばん高《たか》い木のてっぺんに登《のぼ》って見ると
はるか遠《とお》くに　なだらかな丘《おか》があって
つらなった丘のむこうに

キラキラと輝《かがや》く　大きな湖《みずうみ》が見えた
この森に　あんなにすごい湖はない
あれが　いつか
物知《ものし》りなふくろうおじさんから聞いた
海《うみ》っていうものなんだろう

その時《とき》
妖精は　森をぬけ出《だ》し
わくわくしながら
広《ひろ》い草原を　かけてみた
太陽《たいよう》の光が　まぶしすぎて
目がくらみそうだった
そして　それいじょうに
どこまでかけても

終《お》わりそうにない草原が
とても　ぶきみで
妖精は　あわてて
まだ　そんなに遠くない
こんもりとした森を　めざして
かけもどった

あの日を　思《おも》い出しながら
森のはずれの　高い木に登《のぼ》って
妖精は　もう一度《ど》
草原を　見はるかした
広いって　さみしい
どこまで行っても　同《おな》じだなんて　こわい

そんなわけで
妖精は　やはり
この森が　一番いいと思っている
森の中には
なかよしの友《とも》だちが　たくさんいる
そして　毎日《まいにち》　小《ちい》さな
いいえ　妖精にとっては
とても大きくて　輝《かがや》かしい発見《はっけん》がある

やがて　夜《よる》のとばりがおりると
みぞれのように　ふりそそぐ
月《つき》の光をあびて　妖精は舞《ま》う
月が　おりてこられやすいように
妖精は　高い木のてっぺんに登って

月に　おやすみなさいのキスをする
長《なが》く　そして　短《みじか》かった一日が終《お》わった
妖精は　今夜《こんや》も
くすの老木《ろうぼく》にだかれて眠《ねむ》る
大きくて　あたたかい
深い森の中で

あとがき

久保恵子

私が住んでいる伊勢市上野町は、伊勢市のはずれの静かな里山です。いなかなので、特別大きな変化もなく、ずっと過ぎてきました。

でも、よく思い起こしてみると、ほんの少しずつですが、変わってきたこともあります。

そのひとつが、ハンググライダーの姿が、見られなくなったことです。二〇年くらい前に、送電のための大きな鉄塔が山に建てられて、ハンググライダーができなくなってしまったのです。それ以前は、のどかな田園風景の中を、ハンググライダーが、のんびりとんでいました。

私の第一詩集「めぐみちゃん」の中に、ハンググライダーの詩があります。もう今では、あの情景を目にすることはできません。なんだか、さみしい気がします。

それとまたべつな、なつかしい風景は、上野町のお寺の前にそびえていた二本の松の木です。とてもりっぱな古木でしたが、残念なことに、二十五年ほど前に、枯れて、惜しまれつつ伐採されました。薬剤を投与したり、いろいろ手をつくしたようですが、結局だめだったみたいです。

二本の大木が切られたとき、見はらしがとてもよくなって、風がすうすうと行き来しているみたいでした。

いなかの町の風景の中に、すっかりとけこんでいた大木が消えてしまうのは、ことさらに、心にぽっかりと穴があいたような状態になるものだと、あのとき実感しました。

私の大好きなフィリパ・ピアスの短編集「真夜中のパーティー」の中におさめられている「牧場のニレの木」のお話を思い出します。ピアスが見事に描ききった、なじみの大木を失った少年の心の空洞。あのときの自分が、あの少年の心に重なりました。

あのころ、「二本の松の木」という童話を書きました。ノスタルジーあふれるお話で、甘いせつなさに満ちています。他のいくつかの童話といっしょに、ひきだしの中に、ずっと長い間眠っています。

さらにもうひとつ、なつかしい風景を思い出しています。町はずれに、ひっそりとたたずんでいた小学校の古びた木造校舎と、そこから少しはなれたところに広がっていた雑木林です。

詩集「めぐみちゃん」の中に、「おばけの林」という詩があります。ずっと前に消え去ってしまったあの雑木林をしのびながら作った詩です。

もう今となっては、どんなにいっしょうけんめいに思い出そうとしても、ぼんやりとした映像しか心にうかびあがってきません。

それもそのはず、雑木林がなくなってしまったのは、私が結婚してこの町に住むようになってから、わずか、一年か二年後のことでしたから、もう、三〇年以上昔のことです。

そこはかとない郷愁を、心の中に呼び起こすような、自然のままのありふれた林でした。それだからこそ、いつまでも、ずっと残っていってほしかった風景でした。

このようにして、日本中の、いえ、世界中の林や森が、徐々になくなっていくのでしょうか。

風景も、何もかもが、少しずつ少しずつ、変化しつづけていきます。

今、世界は、実に深刻で複雑なさまざまな問題をかかえています。連日、新聞やテレビのニュースなどで報道される内容には、思わず目と耳をふさぎたくなることも多いです。

しかし、このような時代であっても、生をいただいたのですから、あまり悲観的にならず、このいちどきりの人生を大切にして、前向きに、地道に生きていきたいと願っています。

月刊誌「詩とメルヘン」がめざしていた豊かな抒情の世界こそが、私の理想です。「詩とメルヘン」は、私にとって、最高に居心地のいい場所でした。

ささやかなことにも、日々、よろこびを見出して、生きていけたら幸せです。あたたかい光を見つめて。

私の心の光は、宮沢賢治さんと、佐藤初女《はつめ》さんと、星野道夫さんです。

このたび、私の第二詩集「わたしの心は　風に舞う」を作るにあたりまして、その準備をはじめたとき、二〇年ぶりくらいに読みかえした詩もありました。すっかり忘れてしまっていたので、なつかしくてうれしくて、しばらくぼうっとしてしまいました。

ここにおさめました詩の数は、一七編と、第一詩集「めぐみちゃん」にくらべると、ずいぶん少ないのですが、一九七〇年代のおわりから、二〇一四年にかけてのはばひろい年代の詩から選びました。

「嵐の夜」は、四〇年ほど前、三重大学と姉妹校になっているミシガン州立大学に、一年間留学していたときのひとつの思い出を、詩にまとめたものです。

「おばけの林」は同じタイトルの詩が、第一詩集の中にありますので、区別するために、「おばけの林　Ⅱ」としました。

詩集の出版にあたりまして、いろいろとお世話していただいた銀の鈴社の皆様に、心からお礼を申し上げます。

そして、すてきな絵を描いてくださった千夏さん（息子のお嫁さん）、どうもありがとうございます。

二〇一六年　秋

〈初出一覧〉

幸福な朝…「詩集　ふるさと・旅立ち」銀の鈴社　二〇一五年三月
道草…「詩集　夢・おめでとう」銀の鈴社　二〇一五年三月
春の光の中で…「子どものための少年詩集二〇一五」銀の鈴社　二〇一五年一一月
おばけの林　Ⅱ…「子どものための少年詩集二〇一四」銀の鈴社　二〇一四年一〇月
南風が　いっぱい入る部屋…「ざわざわ　1」四季の森社　二〇一五年五月
居心地のいい場所…「ざわざわ　2」四季の森社　二〇一六年一月
たとえ小さな一歩であっても…「みみずく　No.34」
野ばら一輪…「あの津っ子　No.15」一九八五年四月
嵐の夜…「あの津っ子　No.32」一九九五年四月
わたしの心は　風に舞う…「あの津っ子　No.27」一九九一年一二月
祈り…「教育文芸みえ　第二〇号」二〇〇二年一二月
うすむらさきの朝…「あの津っ子　No.15」一九八五年四月
小春日和の日曜日…「教育文芸みえ　第二四号」二〇〇六年一二月
トドくんたちへのメッセージ「みみずく　No.33」二〇一五年六月
空…「教育文芸みえ　第一三号」一九九五年一二月
湖の妖精…「あの津っ子　No.33」一九九五年一〇月
森の妖精…「あの津っ子　No.35」一九九七年一月

著者紹介

詩・久保　恵子（くぼ　けいこ）

三重県生まれ。

長く小学校の教師として勤めながら、県の教職員の文芸誌「教育文芸みえ」や、三重児童文学会「あの津っ子」に作品を発表。

退職後は、「みみずくの会」「伊勢　童話をつくる会」「三重児童文学の会」所属。

詩集「めぐみちゃん」（四季の森社）がある。

絵・たかせちなつ（久保　千夏）

京都在住のイラストレーター。

嵯峨美術短期大学日本画科卒業。

雑誌、広告、書籍などの挿絵の仕事をしながら、アクリル画、銅版画、立体など様々な作品創りに挑戦中。

NDC911
神奈川　銀の鈴社　2016
74頁　21cm（わたしの心は　風に舞う）

ジュニアポエムシリーズ　263　2016年12月25日初版発行
本体1,600円＋税

わたしの心は　風に舞う

著　　者　久保恵子©　　絵・たかせちなつ©
発 行 者　柴崎聡・西野真由美
編集発行　㈱銀の鈴社 TEL 0467-61-1930　FAX 0467-61-1931
〒248-0005　神奈川県鎌倉市雪ノ下3-8-33
http://www.ginsuzu.com
E-mail　info@ginsuzu.com

ISBN978−4−87786−282−4　C8092
落丁・乱丁本はお取り替え致します
印刷　電算印刷
製本　渋谷文泉閣

…ジュニアポエムシリーズ…

1	鈴木敏史詩集 宮下琢郎・絵	星の美しい村	★☆
2	小池知子詩集 高志孝子・絵	おにわいっぱいぼくのなまえ	★☆
3	鶴岡千代子詩集 武田淑子・絵	白い虹	児文芸新人賞
4	楠木しげお詩集 久保雅勇・絵	カワウソの帽子	
5	津坂治男詩集 垣内美穂・絵	大きくなったら	★◇
6	後藤れい子詩集 山本まつ子・絵	あくたれぼうずのかぞえうた	
7	北村蔦子詩集 柿本幸造・絵	あかちんらくがき	
8	吉田瑞穂詩集 吉田翠・絵	しおまねきと少年	⊠★◎
9	新川和江詩集 葉祥明・絵	野のまつり	★☆
10	阪田寛夫詩集 織茂恭子・絵	夕方のにおい	◈★☆○
11	高田敏子詩集 若山憲・絵	枯れ葉と星	★☆
12	原田直友詩集 吉田翠・絵	スイッチョの歌	★◎
13	小林純一詩集 久保雅勇・絵	茂作じいさん	◉★☆●◎
14	谷川俊太郎詩集 長新太・絵	地球へのピクニック	★◎
15	与田準一詩集 深沢省三・深沢紅子・絵	ゆめみることば	★
16	岸田衿子詩集 中谷千代子・絵	だれもいそがない村	
17	江間章子詩集 榊原直美・絵	水と風	◇◎
18	原田直友詩集 小野まり・絵	虹―村の風景―	★
19	福田正夫詩集 福田達夫・絵	星の輝く海	★☆
20	草野心平詩集 長野ヒデ子・絵	げんげと蛙	★☆○◇
21	宮田滋子詩集 青木まさる・絵	手紙のおうち	☆○
22	久保田昭三詩集 斎藤彬子・絵	のはらでさきたい	
23	鶴岡千代子詩集 加倉井和夫・武田淑子・絵	白いクジャク	★●
24	尾上尚子詩集 まど・みちお・絵	そらいろのビー玉	児文協新人賞★☆
25	水上紅詩集 深沢紅子・絵	私のすばる	☆
26	野呂昶詩集 福島一二三・絵	おとのかだん	★
27	こやま峰子詩集 武田淑子・絵	さんかくじょうぎ	☆
28	青戸かいち詩集 駒宮録郎・絵	ぞうの子だって	
29	まきたかし詩集 福田達夫・絵	いつか君の花咲くとき	★☆♡
30	薩摩忠詩集 駒宮録郎・絵	まっかな秋	★☆♡
31	新川和江詩集 福島一二三・絵	ヤァ！ヤナギの木	★☆○♡
32	井上靖詩集 駒宮録郎・絵	シリア沙漠の少年	★☆♡
33	古村徹三 詩・絵	笑いの神さま	
34	江上波夫詩集 青空風太郎・絵	ミスター人類	○☆
35	秋原秀夫詩集 鈴木義治・絵	風の記憶	★◎
36	水村三千夫詩集 武田淑子・絵	鳩を飛ばす	
37	久冨純江詩集 渡辺安芸夫・絵	風車 クッキングポエム	
38	日野生三詩集 吉野晃希男・絵	雲のスフィンクス	★
39	佐藤雅子詩集 佐藤太清・広瀬きよみ・絵	五月の風	★
40	小黒恵子詩集 武田淑子・絵	モンキーパズル	★
41	木村信子詩集 山本典子・絵	でていった	
42	中野栄子詩集 吉田翠・絵	風のうた	☆
43	宮田滋子詩集 牧村慶子・絵	絵をかく夕日	★
44	大久保テイ子詩集 渡辺安芸夫・絵	はたけの詩	★☆
45	秋原秀夫詩集 赤星亮衛・絵	ちいさなともだち	♥

☆日本図書館協会選定（2015年度で終了）
★全国学校図書館協議会選定（SLA）
□少年詩賞　■茨城県すいせん図書
○厚生省中央児童福祉審議会すいせん図書
●日本童謡賞　♧岡山県選定図書
♡日本子どもの本研究会選定
♥秋田県選定図書
♣愛媛県教育会すいせん図書
◇岩手県選定図書
◆京都府選定図書
⊠芸術選奨文部大臣賞
◉赤い鳥文学賞　◈赤い靴賞

…ジュニアポエムシリーズ…

- 46 日友靖子詩集 藤城清治・安西明美・絵 猫曜日だから ◆☆
- 47 秋葉てる代詩集 武田淑子・絵 ハープムーンの夜に ♡
- 48 こやま峰子詩集 山本省三・絵 はじめのいーっぽ ★♡
- 49 黒柳啓子詩集 金子滋・絵 砂かけ狐 ♡
- 50 三枝ますみ詩集 武田淑子・絵 ピカソの絵 ☆♡●
- 51 夢虹二詩集 武田淑子・絵 とんぼの中にぼくがいる ♡○♥
- 52 はたちよしこ詩集 まど・みちお・絵 レモンの車輪 □♧
- 53 大岡信詩集 葉祥明・絵 朝の頌歌 ★☆♡♥◎
- 54 吉田瑞穂詩集 吉田翠・絵 オホーツク海の月 ★☆♡
- 55 さとう恭子詩集 村上保・絵 銀のしぶき ★☆♡
- 56 星乃ミミナ詩集 葉祥明・絵 星空の旅人 ★☆♡
- 57 葉祥明詩・絵 ありがとう そよ風 ★♡▲
- 58 青戸かいち詩集 初山滋・絵 双葉と風
- 59 小野ルミ詩集 和田誠・絵 ゆきふるるん ★☆●♡
- 60 なぐもはるき詩・絵 たったひとりの読者 ★♡♧

- 61 小関秀夫詩集 小倉玲子・絵 風《かざ》栞《しおり》 ★♡♥
- 62 海沼松世詩集 守下さおり・絵 かげろうのなか ☆♡
- 63 山本龍生詩集 小倉玲子・絵 春行き一番列車 ♡
- 64 小泉周二詩集 深沢省三・絵 こもりうた ★☆♡
- 65 かわてせいぞう詩集 若山憲・絵 野原のなかで ♡★♥
- 66 えぐちまき詩集 赤星亮衛・絵 ぞうのかばん ♡◆♥
- 67 池田あきつ詩集 小倉玲子・絵 天気雨 ♡
- 68 藤井則行詩集 君島美知子・絵 友へ ♡♤
- 69 藤哲生詩集 武田淑子・絵 秋いっぱい ★♠
- 70 日友靖子詩集 深沢紅子・絵 花天使を見ましたか ★
- 71 吉田瑞穂詩集 吉田翠・絵 はるおのかきの木 ★
- 72 小島禄琅詩集 中村陽子・絵 海を越えた蝶 ☆★♥♡
- 73 にしおまさこ詩集 杉田幸子・絵 あひるの子 ★
- 74 山下竹二詩集 徳田徳志芸・絵 レモンの木 ★
- 75 高崎乃理子詩集 奥山英俊・絵 おかあさんの庭 ★♡

- 76 檜きみこ詩集 広瀬弦・絵 しっぽいっぽん ★●□☆♡
- 77 たかはしけいこ詩集 高田三郎・絵 おかあさんのにおい ♡♣□
- 78 星乃ミミナ詩集 深澤邦朗・絵 花かんむり ♥☆♡
- 79 佐藤照雄詩集 津波信久・絵 沖縄 風と少年 ☆♡★
- 80 相馬梅子詩集 やなせたかし・絵 真珠のように ♥★
- 81 小島禄琅詩集 深沢紅子・絵 地球がすきだ ★
- 82 鈴木美智子詩集 黒澤梧郎・絵 龍のとぶ村 ◇★♥
- 83 いがらしれいこ詩集 高田三郎・絵 小さなてのひら ☆
- 84 宮入黎子詩集 小倉玲子・絵 春のトランペット ☆★
- 85 下田喜久美詩集 方振寧・絵 ルビーの空気をすいました ☆
- 86 野呂昶詩集 方振寧・絵 銀の矢ふれふれ ★
- 87 ちよはらまちこ詩集 ちよはらまちこ・絵 パリパリサラダ ★
- 88 秋原秀夫詩集 徳田徳志芸・絵 地球のうた ☆★
- 89 中島あやこ詩集 井上緑・絵 もうひとつの部屋 ★
- 90 藤川こうのすけ詩集 葉祥明・絵 こころインデックス ☆

✼サトウハチロー賞　✣毎日童謡賞
◌三木露風賞
♤福井県すいせん図書
▲神奈川県児童福祉審議会推薦優良図書
♠奈良県教育研究会すいせん図書
❖北海道選定図書　✿三越左千夫少年詩賞
⊕静岡県すいせん図書
◎学校図書館図書整備協会選定図書（SLBA）

…ジュニアポエムシリーズ…

91 新井　和詩集　高田　三郎・絵　おばあちゃんの手紙　☆★
92 はなわたえこ詩集　えばとかつこ・絵　みずたまりのへんじ　★●
93 柏木恵美子詩集　武田　淑子・絵　花のなかの先生　☆
94 中原千津子詩集　寺内　直美・絵　鳩への手紙　★
95 髙瀬美代子詩集　小倉　玲子・絵　仲なおり　★
96 杉本深由起詩集　若山　憲・絵　トマトのきぶん　☆★◎児文芸新人賞
97 宍倉さとし詩集　守下さおり・絵　海は青いとはかぎらない　♧
98 石井　英行詩集　有賀　忍・絵　おじいちゃんの友だち　■
99 なかのひろ詩集　アサト・シェラ・絵　とうさんのラブレター　☆★
100 小松　静江詩集　藤川　秀之・絵　古自転車のバットマン
101 石原　一輝詩集　加藤　真夢・絵　空になりたい　☆※★
102 小泉　周二詩集　西　真里子・絵　誕生日の朝　☆■★
103 くすのきしげのり童謡　わたなべあきお・絵　いちにのさんかんび　☆★
104 成本　和子詩集　小倉　玲子・絵　生まれておいで　☆★♡♧※
105 伊藤　政弘詩集　小倉　玲子・絵　心のかたちをした化石　★
106 川崎　洋子詩集　井戸　妙子・絵　ハンカチの木　□★☆
107 柘植　愛子詩集　油野　誠一・絵　はずかしがりやのコジュケイ　※
108 新谷智恵子詩集　葉　祥明・絵　風をください　☆◇●♡✣○
109 金親　尚子詩集　牧　進・絵　あたたかな大地　☆
110 黒柳　啓子詩集　吉田　翠・絵　父ちゃんの足音　☆★♡□
111 富田　栄子詩集　油野　誠一・絵　にんじん笛　♡☆
112 原　国子詩集　高島　純・絵　ゆうべのうちに　☆
113 宇部　京子詩集　スズキコージ・絵　よいお天気の日に　○□●☆◇★
114 武鹿　悦子詩集　牧野　鈴子・絵　お花見　☆□
115 山本なおこ詩集　梅田　俊作・絵　さりさりと雪の降る日　☆★
116 小林比呂古詩集　おおた慶文・絵　ねこのみち　☆
117 後藤れい子詩集　渡辺あきお・絵　どろんこアイスクリーム　☆
118 重清　良吉詩集　高田　三郎・絵　草の上　☆□◆★
119 宮中　雲子詩集　西　真里子・絵　どんな音がするでしょか　✲★
120 前山　敬子詩集　若山　憲・絵　のんびりくらげ　☆★
121 川端　律子詩集　若山　憲・絵　地球の星の上で　♡
122 たかはしけいこ詩集　織茂　恭子・絵　とうちゃん　♡★♣
123 宮田　滋子詩集　深澤　邦朗・絵　星の家族　☆●
124 国沢たまき詩集　唐沢　静・絵　新しい空がある
125 池田あきつ詩集　小倉　玲子・絵　かえるの国　★
126 黒田　恵子詩集　倉島千賀子・絵　ボクのすきなおばあちゃん　☆★♡
127 垣内　磯子詩集　宮崎　照代・絵　よなかのしまうまバス　☆♡★
128 小泉　周二詩集　佐藤　平八・絵　太陽へ　★●☆♡
129 中島　和子詩集　秋里　信子・絵　青い地球としゃぼんだま　☆★
130 のろさかん詩集　福島一二三・絵　天のたて琴　☆
131 加藤　丈夫詩集　葉　祥明・絵　ただ今受信中　☆★
132 北原　悠子詩集　深沢　紅子・絵　あなたがいるから　♡
133 池田もと子詩集　小倉　玲子・絵　おんぷになって　♡
134 鈴木　初江詩集　吉田　翠・絵　はねだしの百合　★
135 垣内　磯子詩集　今井　俊・絵　かなしいときには　★

△長野県教育委員会すいせん図書　☆㈶日本動物愛護協会推薦図書
◆茨城県推奨図書

…ジュニアポエムシリーズ…

136 秋葉てる代詩集・やなせたかし・絵　おかしのすきな魔法使い ●★
137 青戸かいち詩集・永田萠・絵　小さなさようなら ❀★
138 柏木恵美子詩集・高田三郎・絵　雨のシロホン ♡★
139 藤井則行詩集・阿見みどり・絵　春だから ♡★◎
140 黒田勲子詩集・山中冬児・絵　いのちのみちを
141 南郷芳明詩集・的場豊子・絵　花時計
142 やなせたかし詩・絵　生きているってふしぎだな
143 内田麟太郎詩集・斎藤隆夫・絵　うみがわらっている
144 しまざきふみ詩集・島崎奈緒・絵　こねこのゆめ ♡
145 糸永えつこ詩集・武井武雄・絵　ふしぎの部屋から ♡
146 石坂きみこ詩集・鈴木英二・絵　風の中へ ♡
147 坂本のこ詩集・坂本こう・絵　ぼくの居場所 ♡
148 島村木綿子詩・絵　森のたまご ❀
149 楠木しげお詩集・わたせせいぞう・絵　まみちゃんのネコ ★
150 牛尾良子詩集・上矢津・絵　おかあさんの気持ち ♡
151 三越左千夫詩集・阿見みどり・絵　せかいでいちばん大きなかがみ ★
152 水村三千夫詩集・高見八重子・絵　月と子ねずみ
153 川越文子詩集・横松桃子・絵　ぼくの一歩ふしぎだね ★
154 すずきゆかり詩集・葉祥明・絵　まっすぐ空へ
155 西田純詩集・葉祥明・絵　木の声水の声
156 清野倭文子詩集・水科舞・絵　ちいさな秘《ひ》密《みつ》
157 川奈静詩集・直江みちる・絵　浜ひるがおはパラボラアンテナ ★◎
158 若木良水詩集・西真里子・絵　光と風の中で
159 牧陽子詩集・渡辺あきお・絵　ねこの詩 ★◎
160 宮田滋子詩集・阿見みどり・絵　愛一輪 ★◎
161 井上灯美子詩集・唐沢静・絵　ことばのくさり ☆●
162 滝波万理子詩集・滝波裕子・絵　みんな王《おう》様《さま》 ★●
163 冨岡みち詩集・関口コオ・絵　かぞえられへんせんぞさん ★
164 垣内磯子詩集・辻恵子・切り絵　緑色のライオン ★◎
165 すぎもとれいこ詩集・平井辰夫・絵　ちょっといいことあったとき ★
166 岡田喜代子詩集・おぐらひろかず・絵　千年の音 ★☆◎
167 川奈静詩集・直江みちる・絵　ひもの屋さんの空 ★◎☆♥♡
168 鶴岡千代子詩集・武田淑子・絵　白い花火 ★☆
169 井上灯美子詩集・唐沢静・絵　ちいさい空をノックノック ★◎☆
170 尾崎杏子詩集・ひなた山すじゅう郎・絵　海辺のほいくえん ☆♡★◎
171 柘植愛子詩集・やなせたかし・絵　たんぽぽ線路 ☆♡★◎●
172 小林比呂古詩集・うめざわのりお・絵　横須賀スケッチ ☆★◎♡▲
173 林佐知子詩集・串田敦子・絵　きょうという日 ☆★◎♡▲
174 後藤基宗子詩集・岡澤由紀子・絵　風とあくしゅ ☆♥★◎♡
175 土屋律子詩集・高瀬のぶえ・絵　るすばんカレー ☆♡★◎▲
176 三輪アイ子詩集・深沢邦朗・絵　かたぐるましてよ ★☆♡
177 田辺瑞美子詩集・西真里子・絵　地球賛歌 ☆★◎
178 髙瀬美代子詩集・小倉玲子・絵　オカリナを吹く少女 ☆♡
179 中野惠子詩集・串田敦子・絵　コロポックルでておいで ★♡☆●
180 松井節子詩集・阿見みどり・絵　風が遊びにきている ★☆♡▲

…ジュニアポエムシリーズ…

181 新谷智恵子詩集 徳田徳志芸・絵 とびたいペンギン 佐世保文学賞 ♡★◎▲
182 牛尾良子詩集 牛尾征治・写真 庭のおしゃべり ♡★◎
183 三枝ますみ詩集 高見八重子・絵 サバンナの子守歌 ☆★
184 佐藤雅子詩集 佐藤太清 菊池治子・絵 空の牧《まき》場《ば》 ☆★♡■◎◈
185 山内弘子詩集 おぐらひろかず・絵 思い出のポケット ♡★●
186 山内弘子詩集 阿見みどり・絵 花の旅人 ♡★▲
187 原国子詩集 牧野鈴子・絵 小鳥のしらせ ♡★△◎
188 人見敬子 詩・絵 方《はこ》舟《ぶね》地球号 —いのちは元気— ♡★◎
189 林佐知子詩集 串田敦子・絵 天にまっすぐ ★☆♡◎
190 小臣富子詩集 渡辺あきお・絵 わんさかわんさかどうぶつさん ✡♡★◎
191 川越文子詩集 かまだちえみ・写真 もうすぐだからね ♡★◎
192 永田喜久男詩集 武田淑子・絵 はんぶんごっこ ☆★◎♡
193 吉田房子詩集 大和田明代・絵 大地はすごい ★◎♡
194 石井春香詩集 高見八重子・絵 人魚の祈り ★♡
195 石原一輝詩集 小倉玲子・絵 雲のひるね ♡
196 たかはしけいこ詩集 高橋敏彦・絵 そのあと ひとは ★
197 宮田滋子詩集 おおた慶文・絵 風がふく日のお星さま ★♡◎
198 渡辺恵美子詩集 つるみゆき・絵 空をひとりじめ ★♡●
199 宮中雲子詩集 西真里子・絵 手と手のうた ★
200 杉本深由起詩集 太田大八・絵 漢字のかんじ ★♡✿
201 井上灯美子詩集 唐沢静・絵 心の窓が目だったら ★♡
202 峰松晶子詩集 おおた慶文・絵 きばなコスモスの道 ★♡
203 高橋文子詩集 山中桃子・絵 八丈太鼓 ★♡
204 長野貴子詩集 武田淑子・絵 星座の散歩 ★♡
205 江口正子詩集 高見八重子・絵 水の勇気 ♡☆★
206 藤本美智子 詩・絵 緑のふんすい ☆♡★
207 林佐知子詩集 串田敦子・絵 春はどどど ♡★◎
208 小関秀夫詩集 阿見みどり・絵 風のほとり ☆♡★
209 宗美津子詩集 宗信寛・絵 きたのもりのシマフクロウ ♡★
210 かわてせいぞう詩集 高橋敏彦・絵 流れのある風景 ☆♡★
211 土屋律子詩集 高瀬のぶえ・絵 ただいまぁ ★♡☆◎
212 永田喜久男詩集 武田淑子・絵 かえっておいで ☆♡★
213 みたみちこ詩集 牧進・絵 いのちの色 ♡★
214 糸永えつこ詩集 糸永わかこ・絵 母です 息子です おかまいなく ♡☆★
215 宮田滋子詩集 武田淑子・絵 さくらが走る ♡☆★●
216 柏木恵美子詩集 吉野晃希男・絵 ひとりぼっちの子クジラ ♡★◎
217 江口正子詩集 高見八重子・絵 小さな勇気 ♡☆★
218 井上灯美子詩集 唐沢静・絵 いろのエンゼル ★♡
219 中島あやこ詩集 日向山寿十郎・絵 駅伝競走 ★☆♡
220 高橋孝治詩集 高見八重子・絵 空の道 心の道 ★♡
221 江口正子詩集 日向山寿十郎・絵 勇気の子 ♡☆★
222 宮田滋子詩集 牧野鈴子・絵 白鳥よ ☆★
223 井上良子詩集 銅版画 太陽の指環 ★
224 川越文子詩集 山中桃子・絵 魔法のことば ♡☆★
225 西本みさこ詩集 上司かのん・絵 いつもいっしょ ☆♡

ジュニアポエムシリーズは、子どもにもわかる言葉で真実の世界をうたう個人詩集のシリーズです。

本シリーズからは、毎回多くの作品が教科書等の掲載詩に選ばれており、1974年以来、全国の小・中学校の図書館や公共図書館等で、長く、広く、読み継がれています。

心を育むポエムの世界。

一人でも多くの子どもや大人に豊かなポエムの世界が届くよう、ジュニアポエムシリーズはこれからも小さな灯をともし続けて参ります。

226 おばらいちこ詩集 髙見八重子・絵 ぞうのジャンボ ☆★♡
227 吉田房子詩集 本田あまね・絵 まわしてみたい石臼 ★♡
228 吉田房子詩集 阿見みどり・絵 花　詩　集 ★♡◎
229 田中たみ子詩集 唐沢静・絵 へこたれんよ ★◎
230 林佐知子詩集 串田敦子・絵 この空につながる ★♡
231 藤本美智子 詩・絵 心のふうせん ★♡
232 火星雅範詩集 西川律子・絵 ささぶねうかべたよ ★♡▲
233 吉田房子詩集 岸田歌子・絵 ゆりかごのうた ★♡
234 むらかみみちこ詩集 むらかみあくる・絵 風のゆうびんやさん ★♡
235 白谷玲花詩集 阿見みどり・絵 柳川白秋めぐりの詩 ★♡
236 ほさかとしこ詩集 内山つとむ・絵 神さまと小鳥 ★☆♡
237 内田麟太郎詩集 長野ヒデ子・絵 まぜごはん ☆★◎♡▲
238 小林比呂古詩集 出口雄大・絵 きりりと一直線 ♡★
239 牛尾良子詩集 おぐらひろかず・絵 うしの土鈴とうさぎの土鈴 ★◎♡
240 山本純子詩集 ルイコ・絵 ふ　ふ　ふ ★♡☆◎

241 神田亮 詩・絵 天使の翼 ★☆♡
242 かんざわみえ詩集 阿見みどり・絵 子供の心大人の心さ迷いながら ☆★◎▲
243 永田喜久男詩集 内山つとむ・絵 つながっていく ★☆♡
244 浜野木碧 詩・絵 海原散歩 ☆★◎♡
245 やまうち・しゅうへい詩集 山本省三・絵 風のおくりもの ☆★◎♡
246 すぎもとれいこ 詩・絵 てんきになあれ ★◎
247 冨岡みち詩集 加藤真夢・絵 地球は家族 ひとつだよ ♡☆◎★
248 北野千賀詩集 滝波裕子・絵 花束のように ♡☆★◎
249 石原一輝詩集 加藤真夢・絵 ぼくらのうた ♡★◎
250 土屋律子詩集 高瀬のぶえ・絵 まほうのくつ ♡☆★◎
251 津坂治男詩集 井上良子・絵 白い太陽 ☆♡★◎
252 石井英行詩集 よしだちなつ・表紙絵 野原くん ☆★♡◎
253 井上灯美子詩集 唐沢静・絵 たからもの ☆♡★
254 大竹典子詩集 加藤真夢・絵 おたんじょう ☆★
255 たかはしけいこ詩集 織茂恭子・絵 流　れ　星 ★

256 谷川俊太郎詩集 下田昌克・絵 そ　し　て ♡★
257 なんば・みちこ詩集 布下満・絵 トックントックン 大空で大地で ★
258 宮本美智子詩集 阿見みどり・絵 夢の中に そっと ★
259 成本和子詩集 阿見みどり・絵 天使の梯子
260 海野文音詩集 牧野鈴子・絵 ナンドデモ
261 熊谷本郷詩集 永田萠・絵 かあさん かあさん
262 大楠翠詩集 吉野晃希男・絵 おにいちゃんの紙飛行機
263 久保恵子詩集 たかせちなつ・絵 わたしの心は 風に舞う
264 みずかみさやか詩集 葉祥明・絵 五月の空のように
265 尾崎昭代詩集 中辻アヤ子・絵 たんぽぽの日
266 林祐三子詩集 わたなべあきお・絵 わたしはきっと小鳥

＊刊行の順番はシリーズ番号と異なる場合があります。